Milet Limited
Publishing & Distribution
PO Box 9916
London W14 OGS

First English-Bengali dual language edition published by Milet Limited in 1997

First English edition published in 1993 by Scholastic Limited, UK

Copyright © Helen Cowcher, 1993

ISBN 1 84059 032 7

Printed in Turkey

WHISTLING THORN

কাঁটার বাঁশি

HELEN COWCHER

Bengali translation by KANAI DATTA

MILET
LONDON

Long ago, on the grasslands of Africa,
there grew acacia bushes.
They were the favourite food
of giraffes and rhinos.

অনেক দিন আগে, আফ্রিকার বনে, অ্যাশাসিয়ার ঝোপ জন্মাত।
এগুলি জিরাফ ও গন্ডারদের প্রিয় খাদ্য ছিল।

Giraffe stretched out his long tongue
and grasped the juicy rich leaves.
Rhino nibbled contentedly.
The bushes were many...

জিরাফ তার লম্বা জিহবা এগিয়ে দিয়ে সজীব রসাল
পাতাগুলি খেত।
গন্ডারটা আরামে জাবর কাটত। ঝোপ ছিল অনেক.....

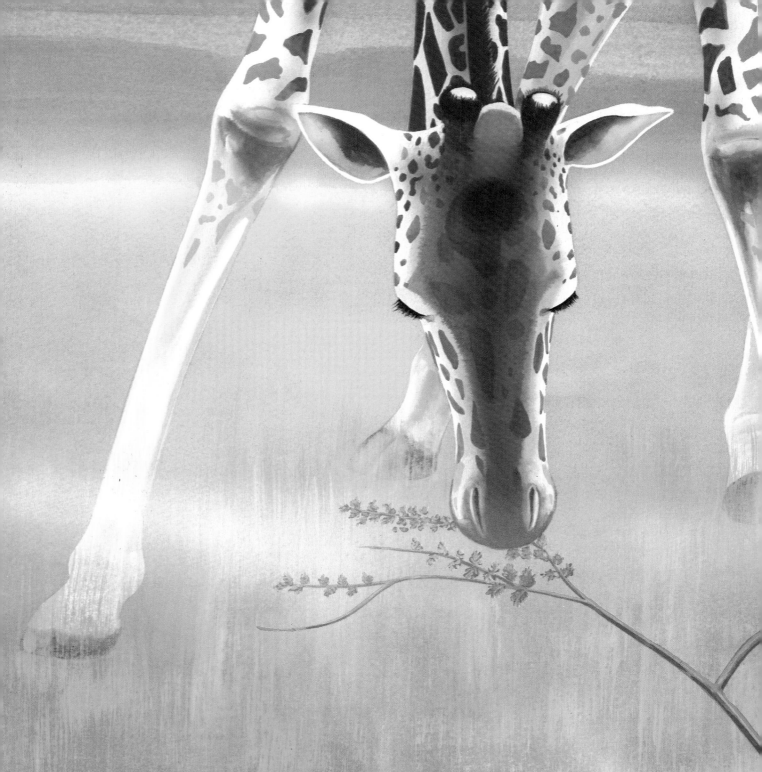

...but so, in those far off days,
were the giraffes and rhinos.
Even the tiniest acacia buds were eaten.

...তবে তখনকার দিনে, জিরাফ ও গন্ডারও ছিল বহু।
এমন কি খুব ছোট অ্যাশাসিয়া মুকুলগুলিও এরা খেয়ে ফেলত।

Rhino, like all his fellow rhinos,
rested for hours in the shade,
each day,

গন্ডারটা, অন্য সব গন্ডারদেরই মত,
প্রতিদিন ছায়ায় কয়েক ঘন্টা করে বিশ্রাম করত।

**and only wandered to the acacias
when he felt very hungry.
The rhinos never ate at any bush
long enough to do real harm.**

এবং খুব খিদে পেলে তবেই অ্যাশাসিয়া ঝোপে যেত।
পাছে ঝোপের ক্ষতি হয় সে জন্য গন্ডাররা
কখনই খুব উঁচু ঝোপ থেকে খেত না।

But the giraffes ate constantly.
They could reach even the highest branches,
taking far too much from each bush.

কিন্তু জিরাফরা সর্বদাই খেত।
ওরা এমন কি খুব উঁচু ডাল থেকেও খেত।
প্রতিটি ঝোপ থেকে অনেক খেয়ে ফেলত।

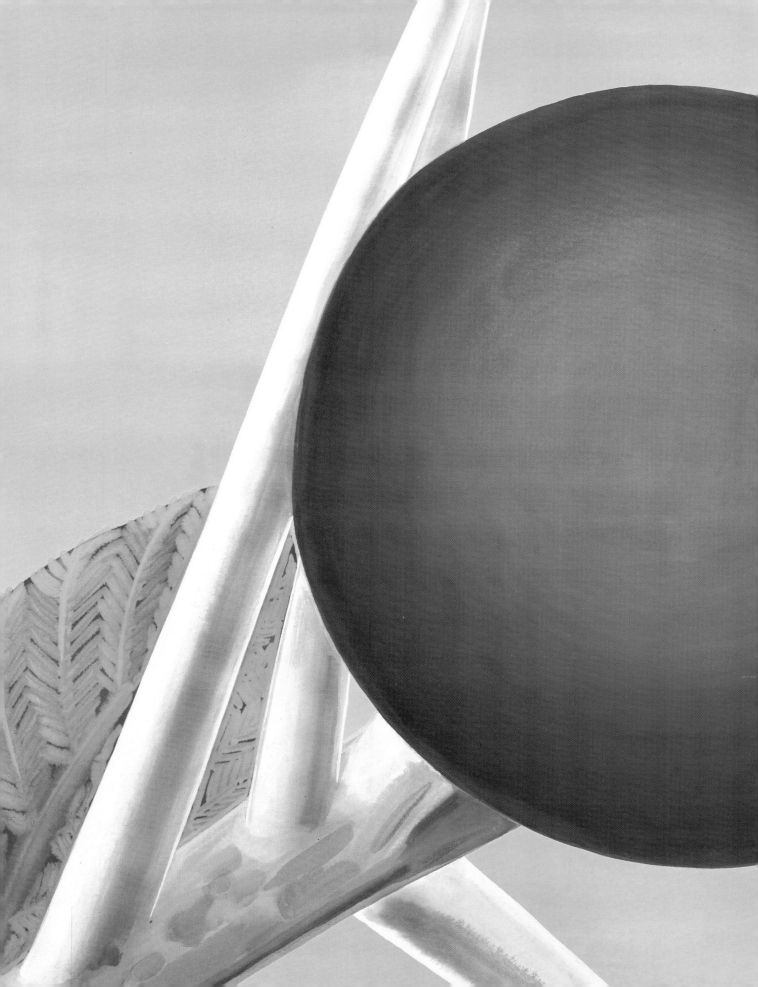

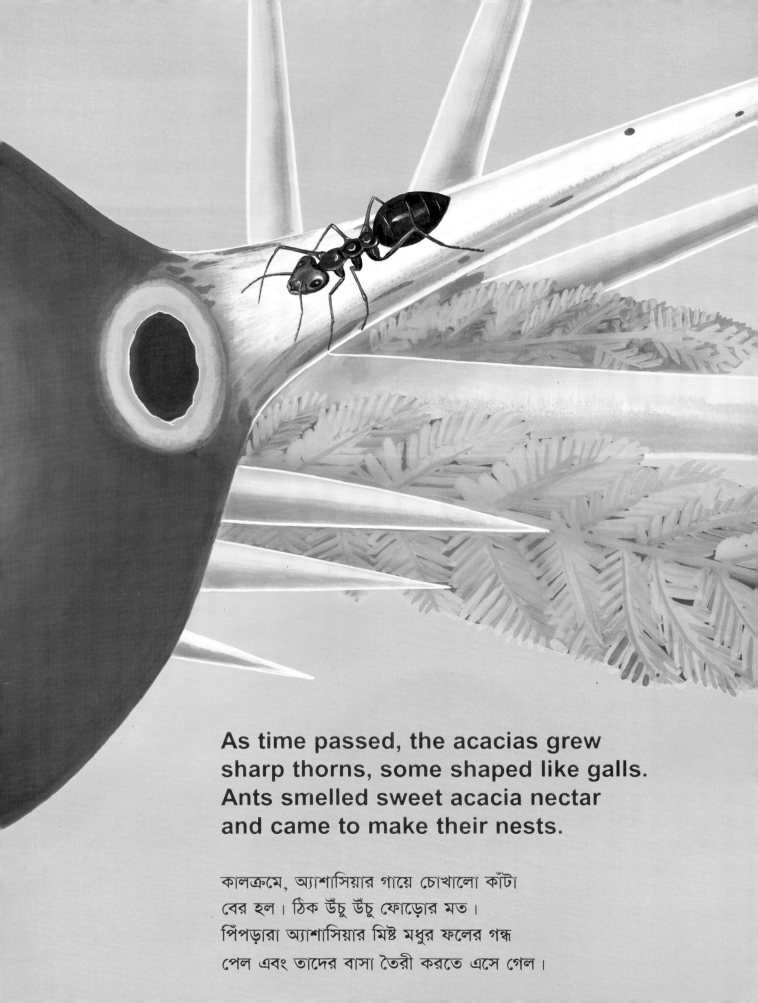

As time passed, the acacias grew sharp thorns, some shaped like galls. Ants smelled sweet acacia nectar and came to make their nests.

কালক্রমে, অ্যাশাসিয়ার গায়ে চোখালো কাঁটা বের হল। ঠিক উঁচু উঁচু ফোড়োর মত। পিঁপড়ারা অ্যাশাসিয়ার মিষ্ট মধুর ফলের গন্ধ পেল এবং তাদের বাসা তৈরী করতে এসে গেল।

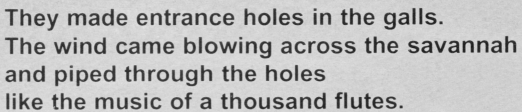

They made entrance holes in the galls.
The wind came blowing across the savannah
and piped through the holes
like the music of a thousand flutes.

ওরা উঁচু কাঁটাগুলির ভিতরে ঢোকার জন্য গর্ত করল। চওড়া ফাঁকা
জমির এক দিক থেকে আর এক দিকে বাতাস বয়ে গেল।
ঐ গর্তগুলির মধ্য দিয়ে বাতাস বয়ে গিয়ে হাজার বাঁশির
সুর বাজতে থাকল।

The sound of WHISTLING THORNS!

কাঁটার বাঁশির সুর!

One day, a hungry giraffe
was tugging at the acacia shoots,
relentlessly shaking the thorny branches.

একদিন এক ক্ষুধার্ত জিরাফ অ্যাশাসিয়ার ডগাগুলি
ধরে জোরে টানাটানি করছিল।
তাতে কাঁটাভরা ডালগুলি অবিশ্রাম ঝাঁকানি খাচ্ছিল।

He rocked the gall homes!
Frenzied ants scrambled out,

সে উঁচু উঁচু কাটার বাসাগুলিতে কাঁপন লাগালো।
আর্ত পিঁপড়াগুলি আতঁকে বেরিয়ে এল,

crawling in a steady stream
all over the giraffe's muzzle,
stinging as they went.

জিরাফের লম্বা গলা বেয়ে সারি বেঁধে উঠতে
থাকল আর কামড়াতে থাকল।

They climbed around the giraffe's eye...

ওরা জিরাফের চোখের ধারে পর্যন্ত উঠে পড়ল....

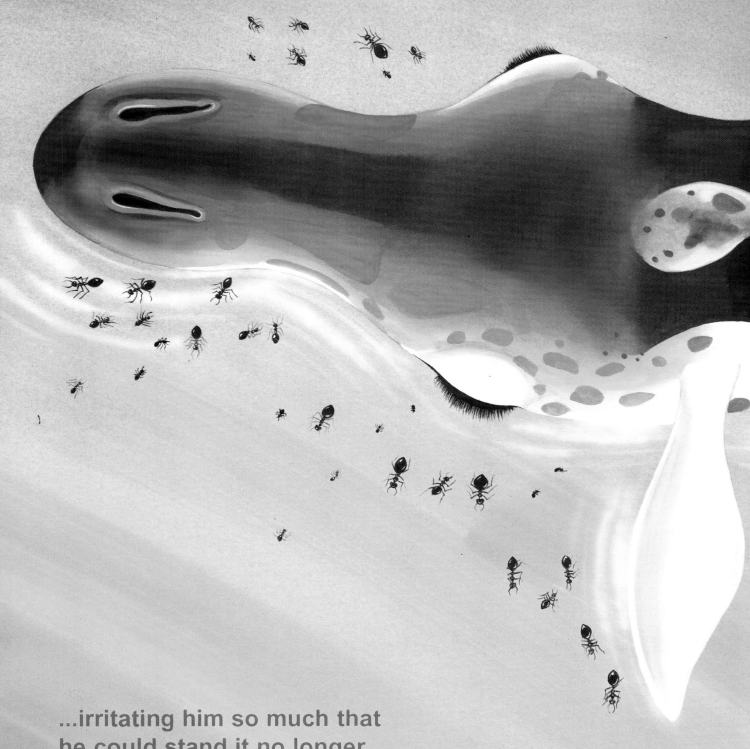

...irritating him so much that
he could stand it no longer.
He moved on,
shaking the ants free.

.......ওর এতই কষ্ট হতে থাকল যে ও আর
সহ্য করতে পারল না। পিঁপড়াগুলিকে ঝেড়ে
ফেলে দিয়ে অন্য দিকে চলে গেল।

The same fate awaited each giraffe;
one by one, spurred on
by stinging ants,
they moved quickly to other
whistling thorn bushes.

প্রতিটি জিরাফের ভাগ্যে একই ঘটল;
পিঁপড়ার কামড়ে উত্যক্ত হয়ে একের পর এক
জিরাফ তাড়াতাড়ি অন্য গীতিময় কাঁটার
ঝোপের দিকে চলে গেল।

Now the bushes had time to grow fresh leaves,
while the giraffes and rhinos could still
eat their favourite food.
A warm breeze washed over them
as they grazed under the
hot savannah sun and flute music
flowed from the whistling thorns.

এবার ঝোপগুলি আবার কচি কচি পাতা গজাতে পারল।
জিরাফ ও গন্ডারগুলিও তাদের প্রিয় খাবার পেল প্রচুর।
ওরা যখন চওড়া ফাঁকা জমির উপর দিয়ে গরম রৌদ্রে
চরে বেড়ায় তখন একটা গরম বাতাস ওদের উপর
দিয়ে বয়ে যায় এবং কাঁটার বাঁশিগুলি থেকে মধুর
সুর বেরিয়ে আসে।